# NOTE

ÉTABLIE

POUR MM. LES MEMBRES DE LA DÉLÉGATION FRANÇAISE

À LA CONFÉRENCE CHARGÉE DE L'ÉTABLISSEMENT

D'UNE CONVENTION

RELATIVE AUX EXPOSITIONS INTERNATIONALES.

---

PARIS, NOVEMBRE 1928.

# SOMMAIRE.

## PREMIÈRE PARTIE.

### Domaine d'application de la Convention. — Définition.



## DEUXIÈME PARTIE.

### A. Obligations du pays où l'exposition s'organise.
### B. Les récompenses industrielles.

#### A. Obligations du pays où l'exposition s'organise.



#### B. Les expositions considérées comme des concours.

# NOTE

## SUR LE PROJET DE CONVENTION

PROPOSÉE

## PAR LE GOUVERNEMENT FRANÇAIS

## POUR RÉGLEMENTER LES EXPOSITIONS INTERNATIONALES.

---

Parmi les divers procédés mis en œuvre par les groupements industriels, avec la collaboration de leur Gouvernement, pour conquérir les marchés étrangers et pour y entreprendre une propagande utile à la création de courants commerciaux, il n'en est guère dont on ait fait, depuis quelques années, un plus large usage que celui qui consiste à organiser des expositions et des foires. Il n'est pas douteux que ce genre de manifestation a de tout temps obtenu la faveur du négoce, car il permet un rapide examen des ressources d'une région, fait ressortir avec précision le degré de perfectionnement des techniques, stimule l'émulation des producteurs et sert, en fin de compte, au développement et à la circulation des richesses.

Mais si l'utilité des expositions et des foires n'est pas contestable, il s'en faut de beaucoup qu'on puisse considérer comme un symptôme favorable la fréquence de ces manifestations. Leur répétition est une lourde charge pour les industriels et une cause de majoration des prix de revient. Sans doute, nul n'est tenu de prendre part à ces manifestations, mais les exigences de la concurrence sont telles qu'il est difficile de s'abstenir même si on se désintéresse du débouché qui s'offre, même si la manifestation doit rester sans valeur d'enseignement. L'industriel en effet redoute toujours de voir interpréter son absence comme une impuissance et, pour combattre cette impression défavorable, il cède généralement aux sollicitations dont il est l'objet.

Il en est ainsi notamment parce que les expositions et les foires ne sont pas toujours organisées à la demande des producteurs mais la plupart du temps réalisées sous la pression d'ambitions privées qui aspirent à jouer un rôle ou entreprises sur l'initiative de municipalités désireuses de favoriser les affaires locales.

Pour éviter le gaspillage de forces et les grandes dépenses qu'occasionnent ces manifestations trop répétées il apparaît opportun d'instaurer un régime international qui espace, par des délais convenables, l'appel aux exposants et détermine les principes selon lesquels chaque pays sera autorisé à organiser sur son territoire les expositions internationales.

Le problème n'est pas nouveau, puisque déjà avant la guerre, le danger de ces manifestations trop fréquentes était apparu et que, pour y remédier une Convention avait été signée à Berlin en 1912 par laquelle seize nations [1] s'entendaient pour réglementer l'organisation des expositions internationales, mais l'ouverture des hostilités a mis obstacle à la ratification de ce texte qui vaut certainement encore au point de vue doctrinal, mais qui n'a jamais acquis le pouvoir d'obliger personne.

L'abus qui a été fait, depuis l'armistice, des expositions, des foires, des salons, des concours, des semaines, devait à nouveau appeler l'attention sur les inconvénients de ces trop nombreuses manifestations et c'est pourquoi, d'accord avec les autorités compétentes des principaux pays, la France a pris l'initiative de réunir à Paris, au mois de novembre 1928, les représentants de toutes les puissances étrangères pour examiner à nouveau le problème et lui chercher une solution. A cet effet le Gouvernement français a élaboré un projet de convention dont il importe de préciser la portée et de rechercher les répercussions.

# PREMIÈRE PARTIE.

## DOMAINE D'APPLICATION DE LA CONVENTION.
## DÉFINITIONS.
## PÉRIODICITÉ DES EXPOSITIONS.

### I. — Domaine d'application de la Convention.

Le projet français n'a pas cru qu'il fut opportun d'écarter les principes qui avaient déjà prévalu dans la Convention de Berlin; tout au contraire il s'en est inspiré sur de très nombreux points, notamment en limitant l'application de la future convention aux seules expositions, à l'exclusion des foires. Certes, les foires, en 1912, n'étaient pas des institutions très répandues et on s'explique aisément que leur réglementation ait paru moins préoccupante qu'aujourd'hui; néanmoins, le Gouvernement français en présentant son projet de Convention a laissé subsister cette distinction entre les foires et les expositions, parce qu'il estime que des différences fondamentales existent entre les deux ordres de manifestation et qu'on ne saurait, par suite, les réglementer par les mêmes mesures.

(1) Ces pays sont : l'Allemagne, l'Autriche et la Hongrie, la Belgique, le Danemark, l'Espagne, la France, la Grande-Bretagne, l'Italie, le Japon, la Norvège, les Pays-Bas, le Portugal, la Russie, la Suède et la Suisse.

## II. — Définitions.

Au surplus, pour avoir une vue exacte du sujet et pour éviter les confusions qui naissent d'une assimilation trop hâtive entre les expositions, les foires, les salons, etc., il importe de reconnaître l'esprit dans lequel chacune de ces formes doit être conçue et de déterminer les particularités qui les caractérisent.

A cet égard, nous croyons qu'on peut répartir les différentes manifestations qui nous occupent en quatre catégories : les expositions, les foires, les salons et les manifestations de pure publicité.

1. *Expositions.* — L'exposition est évidemment, elle aussi, une manifestation de publicité à laquelle les industriels participent en vue d'acquérir une clientèle plus large, mais c'est une publicité d'une nature particulière qui recherche le bon renom plus que le profit et au demeurant les buts de l'exposition sont pour une grande part des buts désintéressés et d'intérêt général. Tout d'abord l'exposition constitue une œuvre d'enseignement; à cet effet elle s'organise sous la forme d'une sorte de musée temporaire pédagogique et technique permettant de reconnaître les progrès de la civilisation dans son ensemble ou dans des branches particulières. Cette conception implique une présentation méthodique des objets (une classification) de telle sorte qu'on puisse suivre aisément la connexité des techniques et la subordination de leur développement; elle dresse ainsi un inventaire des moyens scientifiques et des richesses matérielles à un moment donné. Ce résultat ne saurait être atteint qu'à la condition de réunir, non pas seulement les producteurs nationaux, mais ceux de l'étranger, car aucun pays n'a le monopole des progrès. Tous concourrent à l'enrichissement de la civilisation comme au perfectionnement des sciences.

L'exposition apparaît, dans ces conditions, comme une œuvre d'émulation; elle témoigne de l'activité et de l'habileté de certains peuples dans telle ou telle branche. Elle se présente à l'attention du public comme une sorte de Jeux Olympiques de l'industrie, où se trouve proclamé des supériorités, transitoires souvent, mais qui stimulent, et qui recommandent aux consommateurs du monde entier les producteurs de tel pays comme plus qualifiés pour pourvoir à certains besoins déterminés. Aucune nation n'est insensible à ces victoires et c'est pourquoi on voit les Gouvernements surveiller de très près l'effort fait par leurs nationaux dans les expositions, les exhorter, les recruter, les encadrer.

L'industriel conscient de son rôle social ne saurait se désintéresser de ces manifestations, tout d'abord pour le profit de réputation qu'est susceptible d'acquérir sa maison, ensuite parce qu'un devoir professionnel l'oblige à exposer s'il doit contribuer par sa participation à compléter l'inventaire des productions dans sa branche; enfin, un devoir patriotique lui crée la même obligation puisque le succès de la section nationale doit créer demain des courants d'attraction dont profitera son pays.

Cette analyse met en lumière trois particularités qui sont propres aux expositions : 1° la nécessité d'une bonne classification des expositions; 2° l'institution d'un jury composé d'experts qualifiés pour proclamer les mérites en obéissant à des règles sévèrement contrôlées; enfin, 3° — et ceci est digne d'être souligné, une exposition internationale ne saurait être opportune que si un délai raisonnable sépare deux manifestations de même nature, car les progrès qu'il s'agit de constater ne sauraient apparaître si le temps n'a pas fait son œuvre.

2. *Les Foires.* — Les foires sont évidemment les manifestations sur le compte desquelles on se trompe le plus volontiers; leur raison d'être n'apparaît pas toujours clairement; d'une part, on les confond trop aisément avec les exposition; de l'autre, elles sont souvent considérées comme des manifestations de pure publicité que nous étudierons dans la 4e catégorie.

La foire, on ne saurait l'oublier, est un marché. C'est une bourse de marchandises mais c'est une bourse concrète; elle ne porte pas sur des valeurs mobilières, elle ne cote pas non plus des marchandises fongibles; les opérations ne peuvent s'y faire qu'à la condition de présenter des échantillons dont les qualités doivent être appréciées à l'occasion de chaque type.

Pour qu'une foire ait quelque valeur, il faut qu'elle réponde aux conditions qui déterminent les tractations dans les bourses de valeur ou de commerce, autrement dit, il convient que le volume d'affaires qui s'y traitent soit suffisant pour influencer les prix. Pour cela il apparaît nécessaire de réunir dans une même enceinte tous les producteurs d'un même article, ou tout au moins ceux qui contrôlent cette production afin que l'acheteur éventuel puisse, d'un seul coup d'œil, s'il est permis de dire, se rendre compte des possibilités du marché tout entier. Un résultat semblable ne saurait être atteint si l'acheteur garde l'impression que des firmes importantes sont restées éloignées de la place ou qu'il est d'autres centres de fabrication qui méritent d'être explorés. Dans ce cas, la foire aura manqué à sa mission qui est de concentrer les offres et de créer un milieu d'informations susceptibles de dégager les tendances du marché.

L'idée d'une foire unique embrassant toute la production ne peut donc être acceptée que lorsqu'il s'agit d'un petit centre, particulièrement d'un centre agricole. Aussitôt que le marché s'élargit, aussitôt qu'il tend à devenir national, la spécialisation devient une nécessité pour cette unique raison qu'une trop grande étendue des sections nécessite des emplacements qu'on ne peut trouver nulle part et qu'au surplus le gigantisme est une état pathologique. Les foires seraient donc bien inspirées au lieu de rechercher une sorte d'universalité, de réunir seulement au lieu où elles s'organisent les productions qui ont acquis un réel développement dans leur hinterland. Elles n'attireront la clientèle, elles ne serviront l'expansion commerciale qu'à la condition d'offrir à l'acheteur la concentration des offres et le milieu d'informations convenable. Or cette œuvre ne peut être réalisée que pour un nombre restreint de productions.

Le vœu a été exprimé cependant qu'il n'y ait qu'une foire internationale par pays. L'analyse que nous venons de faire ne semble pas favoriser un semblable programme, mais il n'y a pas que des raisons techniques pour y faire obstacle. Une foire est moins qu'une exposition, influencée par l'idée de nationalité; elle fait plus facilement abstraction des frontières pour s'attacher à l'idée de région. Une foire est souvent un centre qui intéresse plusieurs pays habitués depuis des temps immémoriaux à effectuer sur cette place, sans souci des barrières douanières, des échanges traditionnels. Il y a des foires des pays du Nord, des pays de l'Est, il y a la foire de telle ville frontière et des pays limitrophes. Il y a, par exemple, la foire de Marseille et des pays méditerranéens. Prendra-t-on prétexte de l'existence d'une autre foire internationale dans le pays pour affirmer qu'en faisant appel dans une manifestation régionale aux exposants des pays voisins on contredit au principe d'une seule foire internationale par pays. Interdire ces manifestations ne serait-ce pas aller contre les enseignements les plus certains de la géographie économique.

L'idée d'une seule foire par pays repose aussi sur ce postulat que l'unité de chaque nation est réalisée et que son activité tout entière peut se concrétiser dans un noyau central. Mais comme nous sommes loin de cet état de choses! et combien de différences ethniques, linguistiques, historiques laissent dans un même pays de divisions profondes, sans parler des minorités! A vouloir une seule foire par pays, on risque de faire naître des rivalités dangereuses et de froisser des susceptibilités légitimes.

La *multiplicité* obligatoire des foires internationales apparaît donc comme un phénomène naturel qu'il n'est pas bien facile de contraindre. La *périodicité* des foires n'est pas plus aisée à résoudre. Cette périodicité est sans rapport avec celle des expositions; il ne s'agit pas ici d'une œuvre d'enseignement ni d'une présentation coordonnée en vue de faire apparaître des progrès, il s'agit de répondre à des besoins périodiques d'approvisionnement; la foire se tiendra aux périodes d'achat, c'est-à-dire le plus généralement au printemps et à l'automne de chaque année, mais non nécessairement à ces deux époques.

Il s'ensuit qu'une même foire peut organiser deux réunions dans l'année et même, en théorie tout au moins, plus de deux. Le principe qui voudrait qu'il n'y eut qu'une foire internationale par pays est par là même condamné car enfin, du moment qu'il y a multiplicité de manifestations dans le temps, qu'importe qu'il y ait multiplicité des manifestations dans l'espace.

Après l'exposé que nous venons de faire, y a-t-il une réglementation possible des foires internationales intéressant leur périodicité ou leur multiplicité. Les services techniques du Gouvernement français n'ont pas en trevu de solution qui ait des chances d'obtenir un agrément général de la Conférence et c'est pourquoi, s'inspirant en cela de l'attitude prise lors de la Convention de Berlin, ils se sont abstenus de lier la question des foires à celle des expositions. Une étude plus approfondie du problème reste néanmoins désirable. Toutefois, on peut faire remarquer qu'à défaut de réglementation internationale chaque pays peut adopter une politique à l'occasion de sa participation aux foires internationales. Il n'est pas douteux que même avec la réglementation la plus stricte, le nombre des foires internationales ne saurait être inférieur à une foire par pays. Cela forme un total de manifestations bien au-dessus de l'effort d'expansion qu'on peut attendre des producteurs en quête de débouchés étrangers pour leurs articles. Pour ménager la bonne volonté de ses industriels, le Gouvernement français a pris le parti d'instituer une Commission qui, après étude des possibilités qui s'offrent pour sa production sur les différents marchés, recommande la participation à telle ou telle foire. Il lui est par suite indifférent, ou tout au moins il lui apparaît moins nécessaire que le nombre des foires internationales soit limité. Il n'en reste pas moins prêt à rechercher sur le terrain international, une solution qui limite le nombre de ces manifestations selon des principes rationnels.

3. *Le Salon.* — Le salon est un beau nom dont on use pour signifier une manifestation qui se caractérise par la sélection et l'élégance, mais c'est avant tout un terme vague qui sert à abriter les initiatives les plus diverses. Tout d'abord le salon ne présente aucun des caractères que nous avons mentionnés en définissant les expositions; il n'a pas le souci d'une classification rigoureuse, il ne se préoccupe pas de mettre en lumière le mérite des exposants ni même toujours de faire apparaître des progrès techniques. Au surplus, il s'organise avec une périodicité très courte, annuelle le plus souvent, enfin c'est généralement une manifestation de courte durée, de deux à trois semaines tout au plus.

Si les salons se différencient assez nettement des expositions, ils présentent par contre des caractères communs avec les foires; on peut même dire que ce sont des foires spécialisées; du moins en est-il ainsi lorsqu'ils se limitent à une seule branche de production, et en fait c'est souvent le cas. Ils s'assimilent aux foires en ce sens qu'ils s'efforcent comme elles de constituer un marché. On peut se demander alors pourquoi ils ne s'incorporeraient pas dans les cadres d'une foire générale pour y développer une section qui prendrait le caractère qui conviendrait le mieux à l'industrie envisagée. C'est un programme à la réalisation duquel il faut travailler et qui se recommande par un souci d'ordre, d'économie, de solidarité. Néanmoins beaucoup d'industries se laissent imposer une politique dissidente pour des raisons qui ne sont pas toujours convaincantes, telles que la difficulté des emplacements, parfois le choix d'une date plus favorable aux achats, souvent aussi l'idée qu'en s'isolant on donne plus de relief à la manifestation et qu'on se constitue un public plus spécial. Peut-être y a-t-il du vrai dans cette opinion, mais il faut considérer aussi qu'une foire générale est mieux outillée pour attirer l'acheteur, surtout s'il vient de l'étranger, et que des aménagements particuliers conservant au salon toute son individualité peuvent être ordonnés dans les cadres de la foire.

Au surplus, peu d'industries sont assez puissantes pour s'organiser internationalement d'une façon autonome, car cela nécessite des rapports fréquents de pays à pays, des accords, une interprétation des marchés. Aussi, la plupart du temps, le salon international n'est-il qu'une manifestation ouverte théoriquement aux étrangers et qui, en pratique, en attire fort peu, si peu qu'on ne retire jamais qu'un maigre profit de leur présence.

Mais à côté des salons qui s'efforcent de servir une industrie par une présentation ordonnée et complète de la production, combien y a-t-il de manifestations qui empruntent le titre de salon pour exposer n'importe quoi, sous n'importe quel prétexte et dont le but caché ou avoué est d'organiser seulement une publicité commerciale, et même de pratiquer la vente au détail. Ces manifestations en marge souvent du vrai commerce, ne semblent pas mériter le bénéfice des facilités reconnues aux institutions saines comme les expositions et les foires.

Ces constatations conduisent assez naturellement à refuser aux salons une place spéciale dans la Convention qui doit réglementer les expositions. Les organisateurs des salons devraient donc pour réaliser leur projet être mis dans l'obligation, ou bien d'emprunter les cadres d'une foire générale, ou bien de se ranger sous le régime des manifestations de pure publicité, régime qui sera précisé au chapitre suivant.

Le projet français s'est néanmoins arrêté à une solution moins radicale. Il lui est apparu que certaines industries, encore que ce soit l'exception, étaient réellement assez fortes, assez concentrées, assez bien organisées internationalement, pour avoir droit à l'autonomie et rester en dehors des cadres établis par la Convention. C'est pourquoi il a stipulé que les expositions, salons, semaines, dont l'organisation et la périodicité seront réglées par un accord international comportant la signature des organismes professionnels qui dans cinq pays au moins, contrôlent la majorité des producteurs, échapperont aux dispositions de la Convention, à la condition cependant que la production de ces cinq pays représente plus de la moitié de la production totale des pays adhérents. Il n'y a aujourd'hui que les salons de l'automobile qui réunissent ces conditions, mais il n'est pas défendu de croire qu'une semblable autonomie pourra être consentie à d'autres industries. Il semble qu'un progrès sérieux aura été réalisé lorsque les États pourront émanciper les groupes professionnels et s'en remettre à eux du soin de fixer eux-mêmes les nécessités de leur industrie.

4. *Manifestations de pure publicité.* — Quel sort convient-il de faire aux manifestations de pure publicité? Le régime à prévoir s'appliquera à toutes les

manifestations qui, sous des noms divers et particulièrement sous celui de salon, s'efforcent avant tout d'intéresser le public à l'existence des articles exposés et en provoque l'achat en suggérant, par des affirmations répétées, que les objets envisagés possèdent des supériorités réelles sur les produits similaires. Ces manifestations ne valent pas grand chose au point de vue de l'intérêt général; au point de vue particulier elles valent ce que vaut l'entrepreneur qu'elle enrichit plus sûrement que les exposants. D'autre part, la publicité est bruyante, elle est souvent indiscrète, pas plus sans doute aujourd'hui qu'hier, mais les formes d'expression moderne lui ont donné une intensité qui la rend parfois inopportune. Tout cela n'est pas douteux et prédispose mal en sa faveur, mais la publicité est licite, elle n'est pas seulement licite, elle est utile. On ne saurait lui contester la part qu'elle doit garder dans l'activité commerciale.

Il ne s'agit pas de la lui refuser — mais on peut rechercher si elle a droit aux avantages que l'État accorde *exceptionnellement* aux manifestations internationales qui servent un intérêt général — autrement dit — il importe d'examiner si les Gouvernements pourront concéder aux manifestations de pure publicité, comme aux expositions et aux foires, le bénéfice de l'entrepôt réel des douanes, des immunités fiscales, des réductions de transport, etc (1). Le projet français a conclu par la négative. Seules les manifestations que nous avons définies jusqu'ici, c'est-à-dire les expositions, les foires générales et les salons organisés sous la règle d'une entente internationale auront droit à ce régime. Or, comme nous le verrons au chapitre suivant, le refus de ces avantages équivaut à l'impossibilité de s'affirmer comme manifestation internationale. La publicité n'en perdra pas pour cela l'occasion de se développer car les possibilités offertes aux industriels d'exposer, restent, dans l'ensemble, particulièrement nombreuses aussi bien au point de vue national où le champ d'action reste illimité qu'au point de vue international.

## III. — Moyens dont disposent les Gouvernements pour assurer le respect d'une réglementation des expositions internationales.

Ces distinctions faites, il est plus aisé d'exposer les principes adoptés par le projet français pour réglementer les expositions. Avant même de fixer ces règles, notamment au point de vue de la périodicité, il importe de rechercher si les Gouvernements peuvent trouver dans leur législation le moyen d'en assurer l'exécution ou bien si la Convention doit leur imposer une œuvre de réglementation interne. Sans doute tous les pays n'ont pas encore pris

(1) Voir le chapitre suivant.

(en particulier en ce qui concerne la protection des récompenses industrielles) toutes les mesures utiles, mais les dispositions qu'envisage le projet français pour assainir la situation sont, d'ores et déjà, à la portée de tous.

On peut tenir pour certain qu'aucune manifestation internationale de la nature de celles qui nous occupent ne saurait s'organiser sur le territoire d'un pays quelconque sans le concours et l'intervention directe du Gouvernement. C'est au Gouvernement qu'il faut demander : 1° le bénéfice de l'entrepôt réel des douanes par les produits étrangers destinés à l'exposition; 2° les dégrèvements de taxes fiscales qui s'imposent parfois à raison de l'activité des exposants; 3° la protection de la propriété industrielle; 4° des réductions sur les transports; 5° la reconnaissance des récompenses industrielles décernées dans les expositions, etc.

Que l'État s'abstienne d'accorder cet ensemble d'avantages et l'exposition ne saurait s'organiser, tout au moins sous la forme internationale. Cette attitude négative s'imposera naturellement aux Gouvernements toutes les fois que l'exposition projetée sera en contradiction avec les prescriptions de la Convention. Le projet français n'a pas cru qu'on pouvait, pour l'instant, aller plus loin et prévoir des sanctions plus radicales contre les organisateurs d'expositions qui agiraient à l'encontre des dispositions internationales. Il apparaît, au surplus, que ces mesures sont suffisantes. Il appartiendra aux pays signataires de les renforcer s'ils l'estiment utile, par un développement approprié de leur législation interne.

## IV. — Principes généraux relatifs à la périodicité des expositions.

Nous avons dit qu'une exposition n'avait de raison d'être qu'à la condition qu'un suffisant intervalle de temps se soit écoulé depuis l'exposition de même nature qui l'a précédée. Il en est ainsi parce qu'une exposition est faite pour constater des progrès et que les progrès ne s'apprécient bien que par comparaison avec une époque qui n'est pas trop proche. Quand il s'agira de mesurer les progrès de la civilisation, c'est-à-dire quand il s'agira d'une grande exposition universelle ou générale, l'intervalle désirable devra naturellement être plus grand que pour une exposition spéciale consacrée au perfectionnement d'une seule technique. La logique est ici en accord avec le souci d'économie — car naturellement les grandes expositions qui nécessitent des emplacements considérables, des expropriations, des travaux publics, la construction de palais, coûtent plus cher que les petites.

L'intervalle qui doit séparer deux expositions de même nature devra, au surplus, être calculé en envisageant le problème sous deux aspects différents. Tout d'abord, il faudra fixer cette périodicité d'une façon absolue, sans tenir compte des pays organisateurs; dire par exemple qu'une exposition universelle ne sera possible que lorsque $x$ années se seront écoulées depuis la dernière exposition universelle, puis pour déterminer l'importance de $x$ années, et c'est là qu'est le second aspect du problème, il faudra tenir compte de ce fait que chaque pays signataire de la Convention pourra légitimement revendiquer le bénéfice d'ouvrir une exposition universelle, que le seul moyen de s'entendre et d'éviter des conflits pénibles, sera d'établir un tour de rôle. En supposant que ce rôle comporte seulement dix États, le droit d'un pays à renouveler une exposition risquerait d'être très éloigné si l'intervalle entre deux expositions universelles (soit $x$) était trop considérable. Une exposition n'est pas seulement organisée au profit des producteurs, elle constitue une grande leçon de choses appréciée du grand public et dont toute génération doit être le témoin plus d'une fois. C'est ce qu'a compris la Convention de Berlin qui, après avoir fixé à trois ans l'intervalle qui doit séparer deux expositions universelles a ouvert le droit d'un pays à concourir de nouveau pour l'organisation d'une semblable manifestation si un délai de dix ans s'est écoulé depuis l'époque où elle a organisé sa dernière exposition universelle.

## V. — Périodicité d'après la nature de l'exposition.

Le projet français s'inspire de ces principes, mais la Convention de Berlin n'avait prévu de périodicité que pour les expositions universelles; le projet français prévoit des périodicités appropriées pour toutes les expositions, les expositions spéciales, les expositions générales, les expositions universelles.

Il importe de préciser exactement la nature de ces diverses manifestations, car c'est d'une définition rigoureuse de ce qu'il faut ranger dans chaque catégorie que dépend le succès de la réglementation que nous avons en vue.

1° *Expositions spéciales.* — La Convention de Berlin a donné des expositions spéciales la définition suivante :

« Une exposition est spéciale lorsqu'elle est limitée à une ou plusieurs productions de l'activité humaine tels que les produits agricoles, l'art appliqué à l'industrie, l'économie sociale, l'hygiène, la locomotion automobile, l'aéronautique, les sports. »

Tous les experts qui, dans les divers pays ont examiné cette définition l'ont trouvée trop vague et trop large; elle embrasse des manifestations d'un ordre de grandeur trop différent. Elle peut s'appliquer à des expositions s'organisant dans un hall de dimensions restreintes, par exemple s'il s'agit d'une exposition d'optique ou de la soie; elle peut aussi s'appliquer à des expositions pour lesquelles on trouverait difficilement un emplacement dans les plus grandes villes, telle qu'une exposition coloniale ou d'hygiène. C'est ainsi que l'Exposition des Arts Décoratifs de Paris 1925, qui comprenait tant de choses et pour ainsi dire toutes les productions, pouvait être légitimement considérée comme une exposition spéciale. Comme il faut naturellement fixer la périodicité des expositions d'après l'importance de leur emplacement et surtout d'après les frais que nécessitent leur organisation la définition de la Convention de Berlin qui met sur le même pied des manifestations si dissemblables ne répond pas au but poursuivi.

Tout récemment, une autre définition d'origine allemande a été proposée :

L'exposition spéciale serait celle qui serait limitée à une seule branche ou qui, s'appliquant à plusieurs branches, sauvegarderait la volonté d'unité ou le but d'utilisation.

Certes, la définition allemande apparaît revêtir un caractère de vérité et dire exactement ce que l'on doit entendre par exposition spéciale, mais comme la Convention de Berlin, elle a le grave défaut de placer sous le même régime au point de vue de la périodicité une exposition coloniale et une exposition de la soie.

Le projet français a été beaucoup plus préoccupé de sérier les expositions d'après leur importance que de les classer selon leur nature. Toutefois on peut estimer qu'il donne de l'exposition spéciale une définition suffisante et aussi plus pratique parce que plus concrète.

Une exposition est spéciale quand elle n'intéresse qu'une seule science appliquée (électricité, optique, chimie), ou une seule technique (textile, fonderie, arts graphiques), une seule matière première (cuirs et peaux, soie, nickel), un seul besoin élémentaire (chauffage, alimentation, transport).

Avec une telle définition, il apparaît qu'on ne se trouvera jamais devant un grand développement de manifestation, on aura des expositions de même ordre de grandeur, n'exigeant que des sacrifices limités d'argent, on aura des expositions ne faisant appel qu'à un nombre restreint d'exposants, lesquels seront mieux à même d'apprécier l'opportunité de la manifestation et de résister aux pressions de toute sorte qui se font sentir à l'occasion d'expositions plus vastes.

Envisagée sous cet angle l'exposition spéciale peut bénéficier sans danger d'une assez grande liberté de mouvement, il n'apparaît pas indispensable de lui imposer des règles trop sévères de périodicité.

2° *Expositions générales.* — Mais si l'exposition dépasse le cadre restreint que nous venons de préciser, si elle vise à faire la démonstration d'un progrès d'ensemble, si, au lieu de mettre en relief les perfectionnements techniques et professionnels réalisés dans telle branche, elle tend à faire un résumé de l'œuvre de civilisation, elle est, par la force des choses, condamnée à faire appel à de nombreux groupes de production et elle doit perdre le caractère d'une exposition spéciale, pour venir se ranger dans la catégorie des expositions générales, lesquelles sont placées sous un autre régime de périodicité.

C'est ainsi qu'une exposition de l'habitation qui ne comprendrait que des plans d'architectes, des matières premières, des types de maisons, pourrait être considérée comme exposition spéciale, mais si sous la même qualification «d'exposition de l'habitation», on entend ajouter à la manifestation l'ameublement, la décoration intérieure, l'art de la table, le luminaire, les articles ménagers, etc., on se trouvera en face d'une manifestation de toute autre nature et qui, dans le projet français, est désignée sous le nom «d'exposition générale».

Sans doute, dans plus d'un cas, la frontière entre l'exposition spéciale et l'exposition générale sera difficile à établir. C'est pourquoi le projet français a prévu qu'une Commission établira une classification des expositions qui déterminera les professions et produits qui seront susceptibles de prendre place dans chaque exposition spéciale.

Un tel travail ne pourra valoir qu'à titre indicatif car, surtout au début, cette classification ne saurait avoir la prétention d'être complète mais il permettra de renseigner au préalable les organisateurs d'expositions sur les limites qu'il convient de donner à l'exposition spéciale. Il restera bien entendu possible de faire agréer par la Commission un programme différent à la condition que les modifications ou compléments proposés ne changent pas le caractère de manifestation spéciale qu'elle doit toujours garder.

3° *Expositions universelles.* — Quand on a fait ainsi le départ entre les expositions spéciales et les expositions générales lesquelles sont celles qui intéressent plusieurs branches de production et visent à la démonstration de progrès d'ensemble, il semble qu'on ait épuisé toute la matière et qu'il n'y ait plus place pour aucune catégorie d'exposition.

En théorie, c'est peut-être vrai, mais comme le projet français s'attache surtout à l'ordre de grandeur des manifestations, il a cru opportun de distinguer d'entre les expositions générales et de faire une place à part aux très grandes expositions, c'est-à-dire aux expositions universelles. Celles-ci ne groupent pas seulement plusieurs branches de production mais, en principe, tout au moins, comme le veut leur désignation, toutes les branches. Certes, ces formes de manifestation sont appelées à devenir de plus en plus rares, mais on les voit réapparaître de temps en temps. C'est ainsi qu'une exposition universelle est annoncée à Bruxelles en 1935, et tout récemment on a parlé d'une semblable manifestation à Cologne en 1932. L'importance des expositions universelles légitime une périodicité différente de celle des expositions générales, autrement dit elles devront être moins fréquentes et revenir à des intervalles plus éloignés. Envisageant le problème sous le même angle que le projet français, c'est-à-dire préoccupés surtout de déterminer la périodicité des expositions en raison de leur importance, les experts anglais ont fait remarquer qu'une exposition générale, même non universelle, était elle-même susceptible de présenter un ordre de grandeur très différent; il en est qui peuvent entraîner de dépenses minimes; d'autres, obligent les États participants à de lourdes charges comme celles qu'entraînent la construction de pavillons nationaux destinés à abriter soit les services du Commissariat, soit la participation des services publics. Ils ont à cette occasion exprimé le désir de voir assimiler à des expositions universelles, au point de vue de la périodicité, les expositions qui entraîneraient ces lourdes obligations.

### VI. — Délais de périodicité.

Le tableau ci-dessous précise les délais que le projet français propose d'adopter pour régler la périodicité de ces diverses expositions.

| NATURE DE L'EXPOSITION. | DÉLAI DEVANT SÉPARER DEUX EXPOSITIONS. | |
|---|---|---|
| | ORGANISÉES dans des pays différents. | ORGANISÉES dans le même pays. |
| Exposition spéciale de nature différente | Aucun délai. | 3 mois. |
| Exposition spéciale de même nature | Aucun délai, mais pas de simultanéité. | 5 ans. |
| Exposition générale de même nature ou de nature différente | 1 an. | 10 ans. |
| Exposition universelle et exposition générale comportant construction de pavillons nationaux | 5 ans. | 15 ans. |

La conférence aura à se prononcer sur ce système des délais; elle voudra sans doute tenir compte des arguments invoqués au début de cet exposé et qui font craindre qu'en espaçant par de trop longs délais les manifestations, on n'arrive, sous l'influence du tour de rôle qu'il faudra bien se résigner à adopter entre pays, à ajourner indéfiniment le droit d'une nation à renouveler sur son territoire les manifestations générales. Cette éventualité est d'autant plus à craindre que nombre de pays qui hésitaient jusqu'à ce jour à organiser une exposition s'engageront d'autant plus volontiers dans cette voie qu'ils n'auront plus à redouter la concurrence d'aucune initiative semblable aussitôt que le droit d'ouvrir une exposition générale leur aura été reconnu.

Si d'autre part il convient de laisser aux expositions spéciales une certaine liberté de mouvements et ne pas leur imposer une périodicité trop stricte, il importe aussi d'éviter les abus qui pourraient naître d'une trop grande liberté. Il ne conviendrait pas par exemple que plusieurs expositions spéciales de nature différente puissent se tenir en même temps sur le territoire d'un même pays, car ce serait un moyen détourné d'organiser une exposition générale. Dans le même ordre d'idée il a paru qu'on devait éviter que deux expositions spéciales puissent se suivre sans interruption.

Il importe de signaler en terminant une disposition du projet français emprunté directement d'ailleurs à la Conférence de Berlin (article 17) qui va agir comme un frein et tempérer dans tout pays, l'ardeur des organisateurs d'expositions.

« Dans une exposition universelle ou générale il ne peut être perçu par l'administration aucune taxe pour les emplacements couverts ou découverts qu'elle attribue à chaque pays participant. »

Il appartiendra à la Conférence de rechercher si cette disposition ne devra pas être plus exactement précisée et c'est ce qui sera examiné dans un chapitre ultérieur.

## VII. — Manifestations laissées en dehors de l'application de la Convention.

Il n'est pas inutile de résumer ici les conséquences du régime que nous venons de définir. Le principe général est que toutes les manifestations internationales, quel que soit le titre dont elles se réclament, tombent sous l'application de la Convention. Elles tombent sous l'application de la Convention soit pour être encouragées lorsqu'elles sont organisées en conformité des règles de classification et de périodicité établies, soit dans le cas contraire pour être privées des avantages qui sont nécessaires à leur existence.

Peuvent seules échapper à la rigueur de ce régime défavorable, les manifestations que le projet français propose expressément et limitativement de soustraire au domaine d'application de la Convention. Ces exceptions sont au nombre de cinq. Nous les présentons dans l'ordre et dans les termes mêmes où elles figurent à l'article 1er du projet de Convention.

A. — A condition que la manifestation n'ait pas une durée supérieure à vingt jours et qu'il ne soit pas décerné de récompense :

1° Les foires générales, c'est-à-dire les réunions qui ont lieu par les soins d'organismes permanents, officiellement reconnus, dans le cadre d'installations fixes instituées en vue de présenter, périodiquement, l'ensemble de la production d'une région ou du pays tout entier.

2° Les expositions scientifiques organisées à l'occasion des congrès scientifiques internationaux.

3° Les salons dont l'organisation et la périodicité sont réglées par une entente internationale intervenue entre les organismes qui dans cinq pays signataires au moins contrôlent la majorité des producteurs et que ces pays représentent plus de la moitié de la production totale des pays adhérents à la présente convention. Cet accord devra être enregistré au bureau international, dont il est parlé à l'article 9.

B. — 1° Les expositions des Beaux-Arts à condition d'exclure tout intérêt particulier ou commercial et sous réserve que les principes selon lesquels les œuvres seront admises ne soient pas en contradiction avec le règlement-type qu'élaborera à cet effet le bureau international.

2° Les expositions organisées par un seul pays dans un autre pays, sur l'invitation de celui-ci.

Ce régime laisse en somme aux industriels et aux commerçants des possibilités assez larges de présenter leurs produits. Tout d'abord, ils auront à leur disposition les expositions nationales lesquelles ne sont pas visées par la Convention, puis ils pourront participer à toutes les foires internationales dont la multiplicité n'est que trop certaine; ils auront ensuite à leur disposition une exposition générale par an, et les expositions spéciales qu'à tour de rôle ne manqueront pas d'organiser les différents pays, sans parler des salons qui auront acquis leur autonomie en se constituant selon un règlement international qui leur soit propre. Ces possibilités apparaissent suffisantes et nous incitent à refuser aux expositions de pure publicité les libertés que d'aucun voudrait leur consentir.

### VIII. — Les expositions internationales doivent être recommandées officiellement par le Gouvernement du pays où elles s'organisent.

Lorsque dans un pays signataire l'organisation d'une exposition ne soulèvera pas d'objection du point de vue de la périodicité, le Gouvernement de ce pays pourra donc concéder aux organisateurs de cette exposition, les facilités douanières, fiscales et autres auxquelles il a été fait allusion précédemment et qui seront précisées en détail dans la seconde partie de cette note.

Nantie de ces avantages, l'exposition pourra s'organiser internationalement et elle trouvera le milieu favorable à son développement. Mais le projet français, comme la Convention de Berlin, a compris qu'il ne suffisait pas à une exposition de se trouver en règle avec les délais, ni même d'obtenir les autorisations administratives pour présenter toutes les garanties désirables de sérieux. Il veut des investitures plus solennelles et de nature à mieux engager la responsabilité du pays où s'organise l'exposition. L'institution des commissaires généraux nommés par le Gouvernement organisateur pour garantir, vis-à-vis de l'étranger, la bonne exécution des obligations de l'exposition est une des mesures prévues à cette fin, comme en est une autre celle qui oblige le pays organisateur à adresser aux pays étrangers, officiellement et par la voie diplomatique, des invitations à participer. Nous croyons devoir insister sur l'importance de cette dernière disposition.

### IX. — Bureau international des expositions.

Il n'est pas douteux qu'en dépit de leur simplicité apparente, les principes dont l'exposé vient d'être fait resteront en bien des circonstances d'application délicate. C'est pourquoi le projet français a cru prudent d'ajouter aux règles déterminant la périodicité des expositions quelques dispositions complémentaires de nature à écarter les conflits qui pourraient naître par suite de la

compétition de divers pays se proposant d'organiser, à la même époque, une exposition (article 6). A ce même ordre de préoccupation se rattachent les mesures prévues à l'article 7 pour préciser les conditions dans lesquelles l'organisation d'une exposition universelle primera celle d'une exposition générale. Il y a lieu de mentionner encore l'article 5 qui oblige les pays organisateurs à faire parvenir aux pays étrangers l'invitation de prendre part à l'exposition projetée, trois ans au moins à l'avance, quand il s'agit d'exposition universelle, deux ans pour les expositions générales et un an pour les expositions spéciales.

Mais on devait s'apercevoir que la plupart des difficultés qui peuvent se présenter ne sont pas susceptibles de recevoir une solution rien que par l'application automatique de dispositions réglementaires, dût-on les multiplier pour tenir compte de toutes les situations : pour trancher ces difficultés c'est bien plus à l'arbitrage, à des accords particuliers, à des concessions de part et d'autre, qu'il sera nécessaire d'avoir recours. Il en sera ainsi notamment lorsqu'il s'agira de déterminer si une exposition est spéciale ou générale; la question peut prêter à confusion et elle ne peut être résolue que par un examen du cas particulier et l'appréciation des hommes compétents. De même la succession des expositions spéciales dans un même pays ou leur simultanéité de pays à pays peut soulever quelques difficultés relatives aux classifications, qu'on ne pourra arranger qu'à l'amiable.

Au surplus, peut-on vraiment croire que les principes inscrits dans la Convention trouveront leur application *ipso facto*. Il faudrait supposer pour cela que les administrations des pays signataires, après une étude complète de la Convention, tiendront demain le calendrier exact de toutes les expositions internationales, qu'ils collectionneront tous les documents relatifs à ces manifestations, qu'ils useront enfin de la voie diplomatique, toutes les fois que besoin sera, pour faire parvenir leurs observations au pays qui organisera une exposition dans des conditions comportant infraction aux dispositions de la Convention .Il nous apparaît que l'indifférence des uns, la négligence des autres, enfin une certaine crainte de déplaire, feront que dans bien des cas on hésitera à relever ces infractions, et petit à petit on prendra l'habitude de considérer la Convention comme un cadre sans autorité.

Le Gouvernement français a pensé que les États, signataires éventuels de la Convention, ne pourraient admettre pareille éventualité, et c'est pourquoi il propose l'institution d'un Bureau international des Expositions chargé de veiller au respect des règles édictées et d'organiser, le cas échéant, un arbitrage décisif.

Ce bureau, à la tête duquel serait placé un Directeur chargé de l'étude des questions, serait administré par un Conseil d'administration composé de membres désignés par les États signataires, à raison de trois par État. Le Conseil d'administration se réunirait deux fois l'an, au printemps et à l'automne.

Tous les pays adhérents à la Convention s'engageraient à ne pas adresser et à ne pas accepter d'invitation si l'exposition qui en est l'objet n'a pas au préalable reçu enregistrement au Bureau international.

A cet effet, le pays organisateur de l'exposition ferait parvenir en temps utile, c'est-à-dire avant les délais prévus d'autre part pour les invitations, les documents relatifs au titre de l'exposition et à sa classification, le règlement de la manifestation et autres actes qui doivent préciser le régime de droit institué pour les exposants tant nationaux qu'étrangers.

Le bureau refusera l'enregistrement au cas où certaines dispositions ou un défaut de justification lui paraîtraient contraires à la convention. Le pays demandeur avisé de cette fin de non recevoir pourrait, soit déférer aux observations du bureau, soit — si le désaccord subsiste — demander l'arbitrage du conseil d'administration, à la plus prochaine séance.

Ces attributions constituent le rôle essentiel du Bureau international et sa raison d'être, mais ce ne sont évidemment pas les seules fonctions qui lui seraient reconnues. Il y a d'abord toutes celles qui sont propres aux institutions de même nature, à savoir : interprétation de la Convention, étude des amendements déposés en vue de sa modification, publication des textes réglementaires intéressant les expositions et publiés dans tous les pays, publication des actes des expositions internationales, établissement et mise à jour d'une classification des expositions, bulletin, bibliothèque, etc. Enfin, il est une autre attribution sur l'opportunité de laquelle nous nous expliquerons plus loin quand nous examinerons les expositions considérées comme des concours, mais dont nous croyons devoir tout de suite signaler l'importance. Nous voulons faire allusion à la décision qui confierait au Bureau international le soin d'enregistrer les palmarès des expositions internationales.

## DEUXIÈME PARTIE.

### A. OBLIGATIONS DES PAYS OÙ L'EXPOSITION S'ORGANISE.

Dans la seconde partie de cette note nous examinerons d'abord le milieu juridique qu'est tenu d'instituer, par le seul fait qu'il invite, tout pays qui organise une exposition; nous étudierons ensuite les règles qui s'appliquent aux expositions considérées comme des concours entre producteurs. Sur ces différents points la Convention de Berlin a été largement utilisée.

### X. — Le Commissaire général.

C'est ainsi que le projet français utilise les prescriptions de l'article 10 de la Convention de Berlin pour décider que le pays organisateur nommera un

Commissaire général ou un délégué pour représenter l'État garant de la manifestation, pour veiller au respect du contrat intervenu entre l'administration de l'exposition et les exposants étrangers. Ce délégué sera en outre chargé d'assurer l'application des règles de la future Convention.

Les pays participants nommeront aussi des délégués chargés d'exercer sur leurs sections un contrôle destiné à faire respecter les règlements. Ils seront seuls compétents pour régler l'attribution ou la répartition des emplacements entre les exposants de leur pays.

### XI. — Gratuité des emplacements.

La Convention de Berlin dans son article 17 a prévu que dans une exposition officielle il ne peut être perçu par l'administration de l'exposition aucune taxe pour les emplacements, soit couverts, soit découverts, qu'elle attribue à chaque pays participant.

La Convention de Berlin spécifiait donc que l'exposition devait être *officielle*, car dans sa terminologie, elle faisait des distinctions entre les expositions officielles, les expositions officiellement reconnues et les expositions privées. Le projet français n'a pas maintenu ces distinctions qui valent surtout au point de vue du droit interne de chaque pays. Dans le système nouveau, toutes les expositions prennent en quelque sorte le caractère officiel et l'article 17 de la Convention de Berlin trouve de ce fait une application générale.

Cet article a d'ailleurs besoin d'être précisé. Sans doute il prévoit qu'aucune taxe ne sera perçue pour les emplacements couverts ou découverts, mais on peut entendre cette disposition en ce sens que l'exposition peut se borner à remettre seulement des emplacements nus en laissant à chaque pays le soin d'élever à ses frais les halls nécessaires à abriter ses collections. Cette interprétation apparaît trop restrictive; il serait opportun sans doute de spécifier que chaque pays aura droit, gratuitement aux emplacements couverts nécessaires à l'installation de ses collections.

Il n'est pas douteux que cette prescription aurait pour effet de tempérer quelque peu le zèle intempestif de certains organisateurs d'exposition et qu'on trouvera dans cette clause une aide précieuse pour réaliser les buts de la Convention à savoir une limitation raisonnable du nombre des expositions, tout au moins des expositions générales, car le projet français n'a pas cru qu'il fût nécessaire d'imposer une semblable obligation aux expositions spéciales.

Il reste toutefois entendu que cette disposition ne fait pas d'obstacle au payement des taxes perçues au profit du Bureau international des Expositions.

### XII. — Régime douanier.

Le régime douanier applicable aux marchandises qui franchissent la frontière pour figurer dans une exposition a une grande importance, mais en fait, il paraît avoir été convenablement réglé par l'article 15 de la Convention de Berlin, qui a prévu pour la circonstance l'application du régime d'entrepôt réel et du port franc et qui, de plus, a consenti des détaxes opportunes pour les objets consommés au bénéfice de l'exposition. Le projet français a maintenu ces dispositions en précisant seulement que les marchandises seront expédiées sous le régime du transit international ou du transit ordinaire par tous les bureaux ouverts à cette opération et que les formatilés de douane seront accomplies dans l'enceinte même de l'exposition.

## XIII. — Régime fiscal.

L'attention du Gouvernement français a été appelée sur ce fait que l'application stricte de la législation fiscale de divers pays avait pour effet d'assujettir les exposants à divers impôts qui aggravent les charges, déjà lourdes, qui leur incombent du fait du transport, de l'installation et de l'usure des échantillons. De telles exigences ne peuvent qu'éloigner de l'exposition les maisons dont la présence est nécessaire pour donner à la manifestation sa pleine signification.

C'est ainsi qu'on a voulu assujettir aux impôts qui s'appliquent à l'exercice d'une profession (patente) les exposants, qui, sans avoir de stocks se bornent dans leur stand à prendre des commandes; c'est ainsi qu'on a fait obligation à l'exposant qui a vendu les échantillons exposés, de les retourner aux pays d'origine pour les livrer ensuite à l'acheteur. Ces obligations paraissent incompatibles avec les règles de courtoisie qui s'imposent dans la circonstance et qui veulent qu'on traite, avec des égards particuliers, les gens qu'on a invités.

C'est pourquoi le projet français complétant sur ce point la Convention de Berlin qui n'a rien prévu à cet égard, propose les dispositions suivantes :

« Aucune taxe fiscale ne sera perçue à l'occasion de l'activité commerciale de l'exposant qui, dans son stand, se borne à prendre des commandes sans se livrer à des opérations de vente à emporter.

« En fin d'exposition, l'exposant aura le droit de livrer à l'acheteur éventuel les échantillons exposés en acquittant seulement les droits qui seraient dus en cas d'importation directe. »

Dans cette dernière hypothèse, le régime français, du moins celui qui s'applique quand il s'agit de grandes expositions, accorde à l'exposant de quelque nationalité qu'il soit, le bénéfice du tarif minimum. Peut-être est-ce une solution à recommander d'autant plus qu'elle semble de nature à faciliter les opérations douanières.

## XIV. — La propriété industrielle.

La Convention de Berlin ne pouvait toucher à cette question qu'avec beaucoup de précaution, car une Convention internationale antérieure, la

Convention de Paris du 20 mars 1883, avait déjà posé le principe qu'une protection spéciale était due aux exposants en matière de propriété industrielle.

Les pays contractants, dit l'article 11 de ce dernier texte, accorderont, conformément à leur législation antérieure une protection temporaire aux inventions brevetables, aux modèles d'utilité, aux dessins ou modèles de fabrique et de commerce pour les produits qui figureront aux expositions internationales officielles ou officiellement reconnues organisées sur le territoire de l'un d'eux.

Il faut reconnaître que ce principe a rencontré de très grandes difficultés d'application et qu'en dépit des efforts tentés lors de la Conférence de la Haye, en octobre et novembre 1925, pour améliorer les dispositions de l'article 11, le régime de la propriété industrielle appliqué aux expositions est resté très imparfait.

Il n'apparaît pas, néanmoins, bien opportun de profiter de l'occasion qui s'offre aujourd'hui pour essayer d'apporter au problème une plus complète solution. Ce n'est pas à propos d'une réglementation internationale des expositions que la question doit être examinée, mais bien quand il s'agit d'étudier les modifications à apporter à la Convention de Paris relative à la protection de la propriété industrielle.

Convaincue que cette attitude prudente était la seule convenable, la Convention de Berlin s'était bornée à dire que les pays organisateurs devaient en même temps qu'ils faisaient parvenir leur invitation aux pays participants joindre les documents indiquant les mesures prises pour assurer la protection industrielle, artistique et littéraire (art. 12).

Le projet français croit qu'on pourrait sans inconvénient être un peu plus précis et faire obligation aux pays organisateurs, de constituer auprès de l'administration de l'exposition, un service de la propriété industrielle qui aurait charge de se mettre en rapport avec les bureaux des pays de l'Union pour rechercher si les mesures adoptées à l'occasion de l'exposition sont susceptibles d'avoir plein effet. Peut-être cette méthode, faite de retouches successives, permettra-t-elle d'aboutir enfin à un régime efficace. En tout état de cause, elle permettra d'avertir exactement l'inventeur des risques qu'il court en utilisant les dispositions de l'article 11 de la Convention de Paris.

## XV. — Usage des expressions géographiques et protection des appellations d'origine.

L'article 8 de la Convention de Berlin édicte :

« La section nationale d'un pays ne peut comprendre que les objets appartenant à ce pays.

« Toutefois, peut y figurer, avec l'autorisation du Commisaire ou délégué du pays intéressé, un objet appartenant à un autre pays à condition qu'il ne serve qu'à compléter l'installation, qu'il soit sans influence sur l'attribution de la récompense à l'objet principal et qu'à ce titre, il ne bénéficie lui-même d'aucune récompense.

« Sont considérés comme appartenant à un pays pour l'industrie et l'agriculture des produits qui ont été extraits de son sol, récoltés ou fabriqués sur son territoire. »

Ces dispositions ont été reproduites sans changement dans le projet français. Peut-être n'est-il pas superflu d'expliquer qu'elles tendent à s'opposer aux agissements de certains exposants plus commerçants que fabricants qui ayant pris un stand dans leur section nationale, voudraient ensuite y exposer les produits de toutes les maisons dont ils sont l'agent, même les produits étrangers. Les principes inscrits à l'article 8 interdisent expressément cette pratique; l'exception prévue a été motivée par ce fait que pour faire figurer dans une exposition, par exemple, les denrées coloniales utilisées pour la fabrication du chocolat, il pouvait être nécessaire de fabriquer devant le public; il devenait dans ces conditions indispensable de rendre possible aux exposants d'un pays, l'usage de machines ou d'appareils fabriqués dans un autre pays.

C'est encore sans changement que le projet français a adopté l'article 19 de la Convention de Berlin qui prévoit que :

Dans une exposition officielle ou officiellement reconnue il ne peut être fait usage, pour désigner un groupe ou un établissement, d'aucune appellation géographique se rapportant à un pays participant qu'avec l'autorisation du Commisaire ou délégué de ce pays.

En cas de non participation de pays contractants de telles interdictions sont prononcées par l'administration de l'exposition sur la demande des gouvernements intéressés.

Cette disposition opportune a pris place dans la Convention pour des raisons qui n'ont pas perdu de leur actualité. Il arrive, en effet, fréquemment, que les organisateurs d'exposition ont fait figurer parmi les attractions de leur section, soit un village japonais, soit une laiterie suisse, soit un restaurant français, soit d'autres installations ayant un caractère spécial et baptisées d'un nom géographique ou d'une appellation régionale étrangère, alors que ces installations n'avaient le plus souvent qu'un rapport lointain avec la réalité et étaient parfois susceptibles de faire apparaître, sous un jour défavorable, le pays dont le nom était usurpé.

Mais toutes ces prescriptions, évidemment fort utiles, laissent de côté, sans les atteindre, les fraudes nombreuses qui s'effectuent au moyen de produits revêtus de fausses indications d'origine dans les conditions définies par l'arrangement de Madrid du 14-15 avril 1891.

Le Gouvernement français estime qu'il y a là une lacune et c'est pourquoi il propose d'insérer dans la Convention un article qui dira que les produits portant une fausse indication d'origine ne pourront être admis dans les expositions. Il n'en est pas moins vrai que, dans certains cas, ces prescriptions pourront être perdues de vue par l'administration de l'exposition. Il y a lieu alors de prévoir que le jury compétent pourra être saisi par le délégué du pays intéressé et se prononcera sur le bien-fondé de la réclamation, qui reconnue justifiée, entraînera de plein droit l'exclusion de l'article incriminé.

Enfin, il apparaît que toutes ces prescriptions relatives aux expressions géographiques et aux indications d'origine ne doivent pas prendre place seulement dans une Convention, qui, par la force des choses, doit rester un document peu accessible au grand public; pour éviter qu'en raison de cette circonstance ces dispositions importantes soient trop facilement oubliées, le projet français propose qu'elles soient rappelées dans chaque règlement d'exposition. Il appartiendra, le cas échéant, au Bureau international, de veiller au respect de cette prescription.

### XVI. — Monopoles, assurances, manutention.

Enfin, l'article 16 de la Convention de Berlin a prévu que :

Les monopoles de caractère industriel ou privé qui seraient concédés, à titre temporaire dans une exposition ne peuvent porter atteinte au libre fonctionnement des participations des pays étrangers.

Ce principe peut être admis sans difficulté et le projet français n'a pas hésité à l'adopter; toutefois, il est apparu qu'il pouvait être profitable à tous, notamment à l'occasion des grandes expositions, d'ériger en monopoles les services de manutention et d'assurance; c'est en tout cas une liberté qu'il convient de laisser aux organisateurs de l'exposition, mais sous cette réserve que dans ce cas tous les entrepreneurs susceptibles de satisfaire aux conditions du cahier des charges seront appelés à concourir, sans distinction de nationalité.

## B.

## LES EXPOSITIONS CONSIDÉRÉES COMME DES CONCOURS.

### XVII. — Utilité des récompenses.

La Convention de Berlin ne pouvait manquer d'apercevoir que les expositions, en même temps qu'elles sont des manifestations d'enseignement sont aussi d'excellents moyens d'émulation et qu'elles ont pour effet d'offrir à l'activité industrielle des occasions de victoires et d'honneurs aussi nombreuses que toute autre branche de l'activité nationale. Obtenir un grand prix international après avoir vu ses articles appréciés par un jury composé de compétences reconnues dans le monde entier est une récompense qu'il ne faut pas sous-estimer. La Convention de Berlin n'a pas négligé ce point de vue et elle a, en conséquence, pris des mesures pour fixer l'échelle des récompenses et préciser les règles selon lesquelles elles seraient attribuées.

## XVIII. — Protection des récompenses.

Le projet français partage la même opinion vis-à-vis de l'utilité des récompenses; il se montre aussi empressé, parfois plus, à entourer de garanties ces concours et à défendre les récompenses décernées contre les usurpations et les contrefactions. Il ne s'est pas borné à reproduire textuellement les dispositions de l'article 25 de la Convention qui disent :

Chaque pays contractant usera de tous les moyens qui, suivant sa législation, lui paraîtront le plus opportun.

1° Pour agir contre les promoteurs d'exposition fictive ou d'expositions auxquelles les participants sont frauduleusement attirés par des promesses, annonces ou réclames mensongères.

2° Pour réprimer les agissements des personnes qui se livrent au trafic des récompenses d'exposition ou en font usage illicite.

Il lui est apparu qu'en l'état actuel des choses avec ces expositions qui se multiplient si facilement, le public finissait par ne plus savoir le prix qu'il convient d'attacher à une récompense. Même sans rechercher la fraude, il arrive que les organisateurs d'expositions donnent à leurs manifestations des titres équivoques ou prétentieux qui amènent des confusions. De plus, pour des manifestations sans valeur on fait souvent étalage de patronages officiels. Il conviendrait de réagir contre ce laisser-aller. Un moment on a songé demander aux États signataires de mesurer plus jalousement leurs encouragements en réglementant d'une façon étroite l'attribution des récompenses, mais une semblable prescription risquait de valoir seulement comme déclaration de principe. Un procédé plus pratique semble devoir être préféré. En fait, les seules récompenses qui ont une valeur appréciable, sont celles qui sont décernées dans les expositions internationales, car c'est là seulement que l'industriel trouve l'unanimité dans la concurrence. Utilisant ce point de vue, le projet français a pensé qu'il serait opportun d'autoriser les exposants qui auront été primés dans une exposition internationale à faire usage de leurs récompenses sur leurs emballages ou papier commercial en faisant suivre le titre de l'exposition dont ils sont lauréats d'une marque distinctive qui signalera, sans confusion possible, que l'exposition a été organisée sous l'empire de la présente Convention. A cet effet, il est prévu que les Gouvernements ou leurs délégués feront parvenir, à la clôture de l'exposition, au Bureau international, le palmarès et qu'ensuite les exposants seront autorisés à utiliser le monogramme du Bureau :

## XIX. — Échelle des récompenses.

L'échelle des récompenses qui comporte d'après l'article 21 de la Convention de Berlin six degrés, depuis la simple mention jusqu'au grand prix, a été utilisée, en fait, dans toutes les expositions qui se sont succédé depuis 1912, sans qu'on ait songé jamais à la modifier. Il faut d'ailleurs se défier des innovations dans ce domaine, car il importe de garder une commune mesure qui permette des comparaisons aussi bien dans le temps que dans l'espace. Le projet français a conservé, sans y rien changer, les dispositions inscrites à cet égard à l'article 21.

## XX. — La mise hors concours.

Il en a été de même pour l'article 22 qui détermine les circonstances qui imposent la mise hors concours d'un exposant. Toutefois, le respect du texte de la Convention a été ici moins complet. Il a paru possible de supprimer une catégorie «Hors concours» dont le maintien, après expérience, se trouve peu justifié. Les dispositions de l'article 22 permettent d'obtenir la mise hors concours pour trois raisons, d'abord *d'office* :

*a*. En qualité de membre du jury.

*b*. En qualité d'expert du jury.

Ensuite *c*. *Sur sa demande*, lorqu'à la dernière exposition à laquelle on a pris part, on a dans la même classe obtenu un grand prix ou lorsqu'on a ét l'objet d'une mise hors concours, à condition toutefois que la participation à la présente exposition soit en rapport avec l'importance de l'établissement.

«La mise hors concours, dit l'article 22, à quelque titre qu'elle ait lieu ne comporte ni jugement ni appréciation des objets exposés et par suite ne peut être considérée comme une récompense.»

En dépit de cette affirmation, la mise hors concours est considérée comme une récompense ou mieux encore, comme dénonçant un état d'excellence qui vous met au-dessus du concours, vous dispense de l'affronter et vous fait apte à juger le mérite des autres. C'est pourquoi beaucoup d'exposants préfèrent la mise hors concours à un grand prix et recherchent avec tant d'insistance une désignation comme membre ou expert de jury. Si une semblable mission leur a été confiée une fois, ils éprouvent comme une déchéance, à rentrer ensuite dans le rang — et c'est sans doute pour ménager leur susceptibilité qu'on a imaginé de créer la catégorie de la mise hors concours sur demande. Cette mesure est d'autant plus inopportune que tout en refusant de considérer la mise hors concours comme une récompense, ce même article 22 de la Convention autorise les exposants qui ont obtenu cette désignation à s'en prévaloir tout comme on utilise les récompenses, c'est-à-dire en «reproduisant intégralement sur leur papier commercial le libellé du diplôme». L'exposant hors concours, sur sa demande, arrive peu à peu à oublier cette prescription et il finit par s'affirmer hors concours, sans préciser autrement. Il n'y a pas lieu d'encourager ces pratiques et c'est pourquoi sans rien modifier par ailleurs aux dispositions de l'article 22 de la Convention de Berlin, le projet français réalise la suppression de la catégorie de hors concours sur demande.

## XXI. — Choix et pouvoirs des jurés.

L'article 20 de la Convention qui prévoit la composition des jurys internationaux, accorde la préférence aux exposants pour la mission de juré, subordonne leur nomination à l'agrément de leur Gouvernement et fixe le nombre d'instances de cette juridiction, semble devoir être maintenu sans changement, car ces règles, appliquées depuis longtemps, n'ont soulevé aucune difficulté.

Toutefois, le projet français a cru pouvoir apporter une précision qui doit faire des jurys des organes chargés de veiller à l'application de la Convention internationale. Certes, il semble bien, que déjà par le fait même de leur institution, les jury ont qualité pour redresser les infractions que pourraient commettre les organisateurs d'exposition; c'est ainsi qu'il pourrait refuser de juger les produits admis à l'exposition alors qu'ils ne sont pas compris dans la classification. En fait, faute de précision, quant à l'objet de leur mission, il arrive souvent aux jurys de fermer les yeux. Il n'y aurait, semble-t-il, aucun inconvénient à leur reconnaître expressément la charge d'écarter du palmarès les articles qui figurent sans droit à l'exposition. Cette mesure ne fait, en somme, que généraliser ce qui a été proposé plus haut pour les produits revêtus d'une fausse indication d'origine. On peut espérer qu'en raison de sa composition internationale, le jury moins accessible aux influences locales saura ainsi réparer les défaillances des comités d'admission.



Imprimerie Nationale. — Octobre 1928.

www.ingramcontent.com/pod-product-compliance
Ingram Content Group UK Ltd.
Pitfield, Milton Keynes, MK11 3LW, UK
UKHW022149260726
13993UKWH00005B/2243